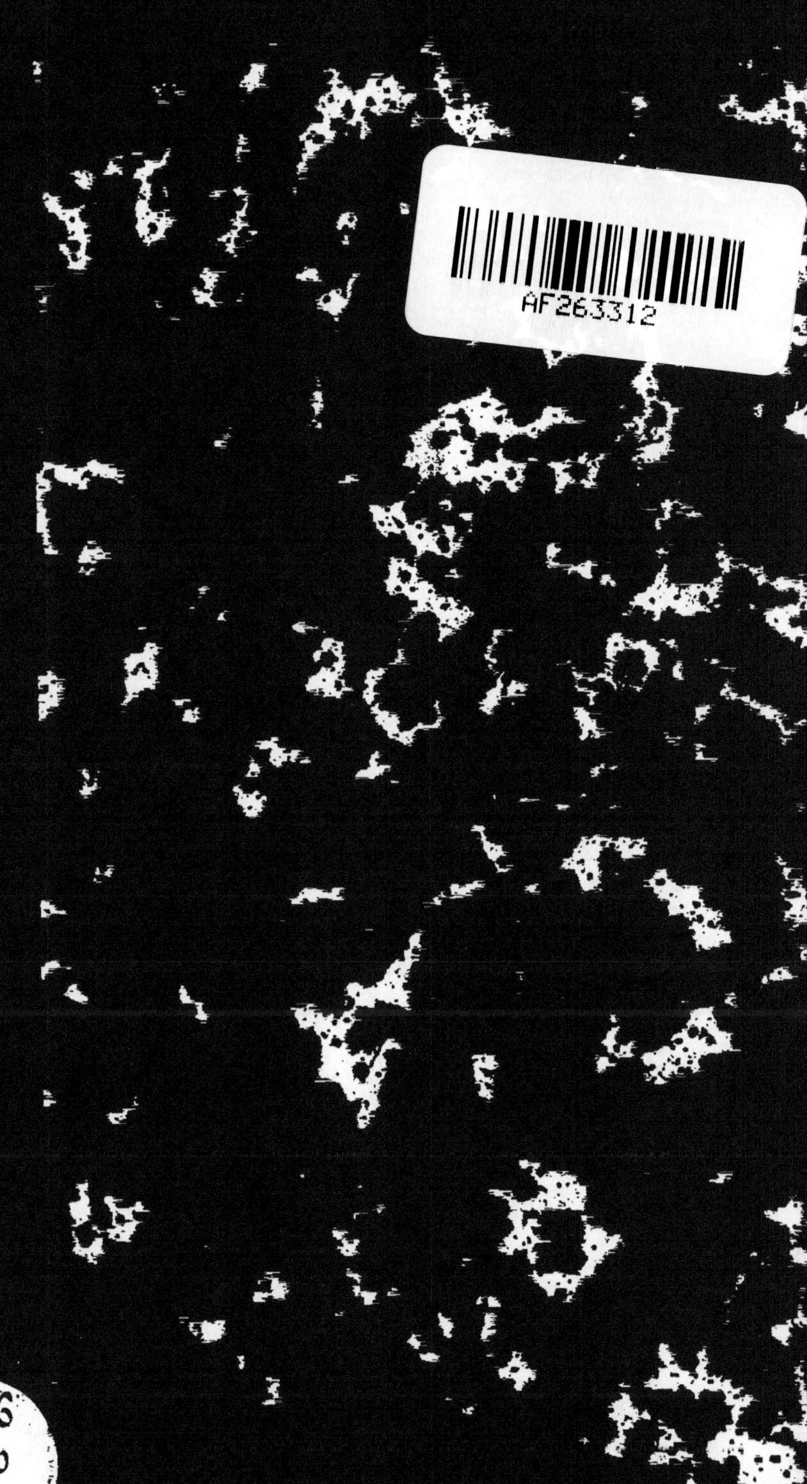

RÉGNE

DE LOUIS XVIII,

RELATION IMPARTIALE.

Contenant des détails circonstanciés sur l'arrivée des
Bourbons en France. — Le [...] de [...]
[...] de Louis XVIII. — Les [...] constitutionnelles,
les nombreuses mutations. — [...] des [...]
[...]. — Les conciliabules [...]

A PARIS,

[...] rue du Serpent [...]
chez [...] au Palais-Royal [...]

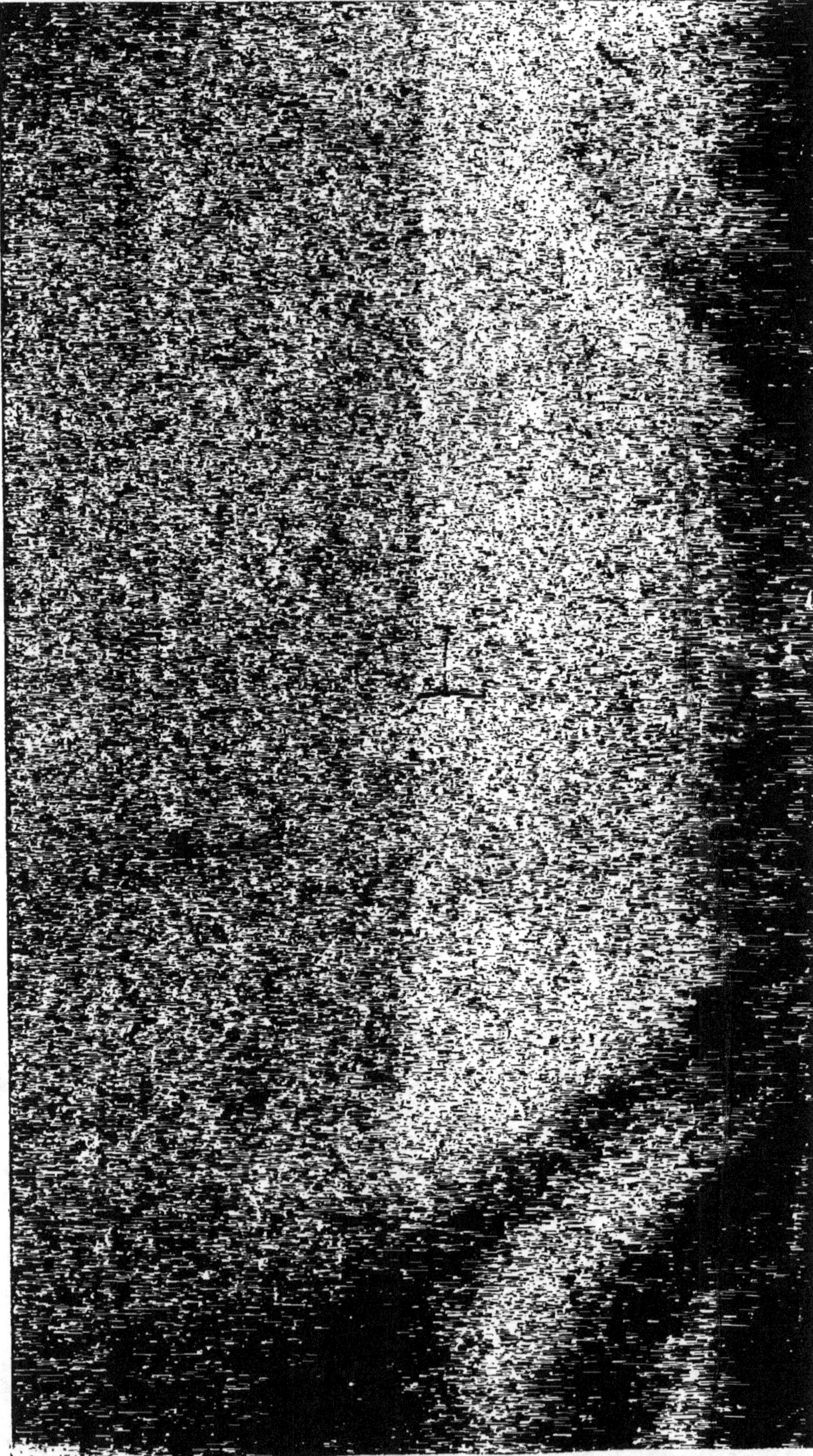

RÈGNE

DE LOUIS XVIII.

PAR M. ***

MEMBRE DU CORPS LÉGISLATIF.

PARIS.

1815.

DE L'IMPRIMERIE DE Mme Ve JEUNEHOMME,
RUE HAUTEFEUILLE, N° 20.

AVANT-PROPOS.

J'ai lu toutes les brochures qui ont été
publiées sur le renversement des Bourbons
et sur les causes qui l'ont amené; partout
j'ai trouvé la *passion* à la place de la *raison*; je cherchais des matériaux histori-
ques, j'ai trouvé des diatribes. Ce n'est pas
ainsi qu'on doit s'y prendre pour faire ren-
trer dans la bonne voie ceux qui s'égarent.
Si vous voulez ramener un fou à la raison,
il faut lui parler le langage de la douceur;
si vous heurtez de front ses idées exaltées,
vous l'exalterez davantage.

Lorsque les Bourbons ont été appelés
au trône j'étais royaliste, non pas ce qu'ils
ont appelé *royaliste pur*, mais *royaliste
constitutionnel*; depuis qu'ils ont régné
je ne le suis plus. Que l'on ne croie pas
pour cela que j'aie changé d'opinion, non,
elle est immuable; elle a toujours eu pour
but le bonheur, la gloire et la tranquillité

de la France. Avant de connaître les Bourbons, j'avais une haute opinion de leurs
vertus; ils sont venus la détruire. J'ai suivi
les divers actes de leur administration, j'ai
vu les erreurs dans lesquelles ils se jetaient,
dans lesquelles ils se laissaient entraîner
par des ministres ou perfides ou ignorans,
mon admiration a dû cesser. Cependant
je n'outragerai pas ceux que j'ai vus arriver avec joie; j'écris pour l'instruction de
plusieurs de mes amis qui abondent trop
fortement dans des systèmes dont ils ne
connaissent pas assez les erreurs. Je vais
parcourir rapidement, et sans changer
l'ordre des événemens, les principales opérations du règne de *Louis xviii*. Par ce
moyen, mon lecteur, éprouvant graduellement ce que j'ai dû éprouver, jugera par
lui-même et formera son opinion.

RÈGNE
DE LOUIS XVIII.

CHAPITRE PREMIER.

Événemens antérieurs à l'arrivée de Louis XVIII en France. — Le duc d'Angoulême à Bor deaux. — Gouvernement provisoire. — Lieutenance du comte d'Artois. — Reddition des places fortes.

A LA fin de mars 1814, l'Europe armée se trouvait dans la capitale de la France et ravageait nos provinces. Le sénat devait être dissous ou l'était par le fait, le gouvernement qui l'avait créé n'existant plus. Cependant ce même sénat, sous l'influence des baïonnettes étrangères, et en minorité, se permit de rendre, le premier avril, un sénatus-consulte qui établit un gouvernement provisoire, composé de cinq membres. Un autre sénatus-consulte, rendu deux jours après, déclara l'empereur Napoléon déchu du trône ; l'empereur Napoléon lui-même corrobora ce dernier acte par une abdication en forme.

Le peuple français était en apparence, et d'après

la déclaration des puissances étrangères, devenu libre dans le choix de son gouvernement. *Louis-Stanislas-Xavier*, frère de Louis XVI, lui fut offert. Ses infortunes, son long exil inspirèrent de l'intérêt ; le peuple français l'accepta.

Le sénat prit sur lui de faire connaître les intentions de la France, et de stipuler les intérêts de ses peuples ; dans cette vue il rédigea, le 6 avril, une constitution par laquelle il *appela librement au trône Louis-Stanislas-Xavier*. Il n'est pas indifférent d'examiner le dernier article de cet acte ; il était ainsi conçu : « La présente constitution sera » soumise à l'acceptation du peuple français dans » la forme qui sera réglée. *Louis-Stanislas-Xavier* » *SERA* proclamé roi *des Français* aussitôt qu'il » aura juré et signé par un acte portant : *J'accepte* » *la constitution, je jure de l'observer et de la* » *faire observer.* Ce serment sera répété dans la » solennité où il recevra le serment de fidélité des » Français. »

Louis, à cette époque, était encore en Angleterre ; il avait été précédé en France, d'un côté, par le comte d'Artois, qui était entré à Vesoul le 27 février, et d'un autre côté, par le duc d'Angoulême, que les Anglais avaient fait entrer à Bordeaux le 12 mars.

Ces deux princes, pour pénétrer sur le sol français, et pour s'y faire des partisans, avaient répandu avec profusion des proclamations adressées au peuple tant par eux que par le prétendant. Des hommes qui veulent conquérir un royaume ne sont pas avares de promesses ; les princes de la maison de Bourbon , en cette occasion , se montrèrent d'une prodigalité sans exemple. Ils nous annonçaient « le retour du bonheur et de la » paix sous un gouvernement protecteur des lois » et de la liberté publique , plus de guerre, *plus* » *de droits réunis.* » (1).

La proclamation de *Louis*, datée d'Hartwel, le premier janvier 1814 , et insérée dans les journaux de Paris du 2 avril , était aussi très-libérale en promesses , mais n'aurait pas dû plaire, si on avait pris le temps de l'examiner librement. *Louis ,* que la France pouvait appeler au trône , mais qui n'était point encore son roi, y appelait les Français *ses sujets , ses peuples.* Et à l'égard des propriétés nationales , dont les ventes étaient sanctionnées par près de vingt-cinq années de possession et par nos constitutions (2), il s'exprimait ainsi : « Le roi, qui a déjà annoncé l'intention

---

(1) Promesse restée sans exécution ; non seulement les droits réunis ont été maintenus , mais encore exercés avec plus de dureté.

(2) Constitution de l'an 8 , art. 94. « Après une vente » légalement consommée de biens nationaux , quelle » qu'en soit l'origine, l'acquéreur légitime ne pourra en » être dépossédé. »

» d'employer les moyens les plus propres à con-
» cilier les droits et les intérêts de tous, voit les
» nombreuses transactions qui ont eu lieu entre
» les anciens et les nouveaux propriétaires, rendre
» ce soin presque superflu, il s'engage à *encoura-*
» *ger les arrangemens volontaires.* »

Cela n'était pas très-rassurant pour les possesseurs de biens nationaux. Mais la proclamation
avait son beau côté; *Louis* y annonçait qu'il ne
voulait tenir que des efforts de ses sujets le trône
que ses droits et leur amour pouvaient seuls af-
fermir (1). Que les corps administratifs et judi-
ciaires seraient conservés; qu'il conserverait leurs
places à ceux qui en étaient pourvus (2). Enfin,
il garantissait à l'armée la conservation des grades,
emplois, solde et appointemens dont elle jouis-
sait (3).

---

(1) La France a été humiliée de voir Louis XVIII écrire
au prince régent d'Angleterre : « C'est aux conseils de
» votre altesse royale, à ce glorieux pays et à la con-
» fiance de ses habitans, que j'attribuerai toujours, après
» la divine Providence, le rétablissement de notre maison
» sur le trône de ses ancêtres. » Et cette lettre a été insérée dans tous les journaux français !

(2) Je ne dis rien sur cette promesse.... Trente préfets
destitués ont assez parlé.

(3) Voyez l'ordonnance du 16 décembre 1814, sur la
demi-solde ; nous en parlerons plus loin.

Le comte d'Artois arriva à Paris dans le moment le plus favorable. Les Parisiens étaient environnés de troupes de toutes les nations, et ils se réjouirent à la vue d'un Français renommé par son amabilité et sa galanterie. Le sénat, par un décret du 14 avril, le nomma lieutenant général du royaume, en attendant que son frère eût accepté la constitution.

Par suite de cette nomination le gouvernement provisoire n'existait plus. Ses décisions avaient été généralement dictées par la sagesse ; cependant, la dernière, celle qu'il rendit le 13, et par laquelle il ordonna à l'armée de prendre la cocarde blanche, était bien impolitique. N'eût-il pas mieux valu conseiller aux Bourbons de conserver les couleurs nationales ? Peut-être que cette première déférence aux opinions de la grande majorité du peuple français et de l'armée, sans exception d'un seul homme, eût contribué à éviter à *Louis XVIII* les malheurs qu'il a éprouvés. Je vais plus loin ; les Bourbons, par respect pour la mémoire de l'infortuné Louis xvi, auraient dû conserver les couleurs nationales. La cocarde tricolore fut offerte à ce monarque le 15 juillet 1789, et en l'acceptant il ramena tout son peuple vers lui ; il l'accepta de sa libre volonté, ce serait l'outrager que de lui prêter une autre pensée ; il la porta jusqu'au 10 août 1792.

Louis XVIII lui-même l'a portée pendant près de trois ans (1). Enfin, les Bourbons auraient dû conserver les couleurs nationales; parce que la cocarde blanche avait toujours été le point de ralliement des ennemis de l'armée française, à qui elle ne pouvait rappeler que des idées de haine; parce que cette armée française, qui allait obéir aux Bourbons, s'était cent fois couverte de gloire en se ralliant autour du drapeau tricolore; parce que l'arrivée des Bourbons et de leur suite n'aurait pas eu l'air d'une victoire remportée sur l'armée française par les émigrés. Que cette concession eût été légère et facile !

L'exercice des pouvoirs du comte d'Artois, comme lieutenant général du royaume, s'annonça sous les plus tristes auspices. Le premier acte émané de son autorité couvrit de deuil la France entière et compromit sa sûreté future. Avant d'avoir posé les bases d'aucun traité avec les puissances alliées, le comte d'Artois eut la faiblesse de souscrire, le 23 avril, une convention par laquelle il ordonna à nos troupes d'évacuer toutes les forteresses que la France occupait hors de ses anciennes limites, et de livrer nos ports et les vaisseaux, les canons et les munitions qui s'y trouvaient.

____

(1) Depuis le 16 juillet 1789 jusqu'au 21 juin 1792, jour où il sortit de France pour aller à Coblentz.

CHAPITRE II.

Arrivée de Louis XVIII. — Il refuse d'accepter la constitution. — Système d'une royauté antérieure. — Traité de paix. — Charte constitutionnelle. — Troubles à Bordeaux.

La première opération du comte d'Artois mettait la France hors d'état de s'opposer par la suite à l'invasion de l'étranger. Tous les Français, et surtout les hommes de guerre, furent peu satisfaits du traité du 23 avril, ils espérèrent trouver en celui que la France appelait au trône plus de sagesse et de prévoyance et cette force de caractère indispensable au chef d'une grande nation.

Louis arriva à Saint-Ouen, à deux lieues de Paris; une députation du sénat s'y transporta, et lui donna connaissance de la constitution qui l'appelait au trône. C'est alors que *Louis* eut le grand tort de faire voir qu'il ne voulait rien tenir de la nation française, il refusa hautement d'accepter la constitution qui lui était présentée, et se borna à faire une déclaration, le 2 mai, où il prit la qualité de roi de France et de Navarre, *par la grâce de Dieu*, et qu'il data de la *dix-neu-vième* année de son règne.

Par cette déclaration, il annonça qu'il était résolu d'adopter une constitution libérale, et il renvoya au mois de juin suivant le sénat et le corps législatif, pour leur présenter lui-même un nouvel acte constitutionnel.

Les puissances alliées, lors de leur entrée dans la capitale, avaient fait une proclamation aux Français, pour leur annoncer qu'ils étaient libres dans le choix de leur souverain, que le vœu de la nation ne serait nullement comprimé.

Le refus de *Louis* était, en quelque sorte, une insulte faite aux souverains alliés, et il était trop évidemment un outrage fait à la nation. C'était dire aux Français : « Vous m'appartenez » par droit de naissance ; il m'importe peu que » vous me choisissiez pour votre roi, tout autre » choix eût été illégitime ; vous êtes mes sujets, » je suis votre maître ; je l'ai été du moment où » mon règne a commencé, il y a dix-neuf ans, » malgré vous. »

Cette conduite de *Louis* ne m'étonne point ; elle est en parfaite harmonie avec le système qu'il avait déjà fait connaître. Lorsque Louis xvi accepta la constitution qui lui fut présentée le 4 septembre 1791, on assure que son frère protesta

contre cette acceptation. Plus récemment, lorsque la nation française éleva le trône impérial
en faveur de Napoléon, il fit, le 6 juin 1804, la
protestation que voici :

« En prenant le titre d'empereur, en voulant
» le rendre héréditaire dans sa famille, Bona-
» parte vient de mettre le sceau à son usurpa-
» tion. Ce nouvel acte d'une résolution où tout,
» dès l'origine, a été nul, ne peut sans doute
» infirmer mes droits ; mais comptable de ma
» conduite envers tous les souverains dont les
» droits ne sont pas moins lésés que les miens,
» et dont les trônes sont ébranlés par les prin-
» cipes que le sénat de Paris a osé mettre en
» avant ; comptable à la France, à ma famille, à
» mon propre honneur, je croirais trahir la
» cause commune en gardant le silence dans
» cette occasion ; je déclare donc, après avoir,
» au besoin, renouvelé mes protestations contre
» tous les actes illégaux qui ; *depuis l'ouverture*
» *des états généraux de France*, ont amené la
» crise effrayante où se trouve l'Europe ; je dé-
» clare, en présence de tous les souverains, que,
» loin de reconnaître le titre impérial que Bo-
» naparte vient de se faire déférer par un corps
» *qui n'a pas même d'existence légitime*, je pro-
» teste et contre ce titre et contre tous les actes
» subséquens auxquels il pourrait donner lieu. »

Louis XVIII est trop éclairé pour avoir adopté, *de bonne foi*, le principe que *les nations sont faites pour les trônes, et non les trônes pour les nations ;* chez un peuple d'esclaves il peut être admis forcément, mais chez un peuple libre il sera toujours rejeté comme odieux. Dans le principe des choses, un roi a nécessairement tenu le pouvoir souverain de ses égaux ; c'est un chef qu'ils ont choisi, qu'ils ont chargé du soin de les conduire ; ils lui ont en quelque sorte confié un dépôt, et le sceptre de la puissance n'a dû rester dans ses mains qu'autant que ses actions servaient au bien de tous. Ceux qui l'avaient nommé ont eu le droit de le destituer, de choisir, à sa place, un nouveau chef ; rien n'a pu leur enlever ce droit.

Que l'on examine ce qu'ont été les rois dans tous les temps, et l'on verra que ces principes n'ont jamais été méconnus.

A Rome, l'élection des rois se faisait par les peuples, et le sénat servait, en quelque sorte, de barrière à l'autorité monarchique, qui ne pouvait rien faire de considérable sans prendre son avis (1).

En France, et dès le commencement du

---

(1) Denis d'Halicarnasse, liv. 2, ch. 14; et liv. 7, ch. 38.

dixième siècle, les peuples ont choisi pour leur roi Hugues Capet, chef de la troisième race, et ont exclu du trône Charles, duc de Lorraine, que les droits du sang appelaient à la couronne (1).

Les Suédois ont joui de ce droit d'élire un chef, en élevant à la dignité royale, en 1523, Gustave Wasa, fils d'un simple gentilhomme, à l'exclusion de Christiern II, roi de Danemarck, qu'ils avaient élu roi de Suède en 1513.

Guillaume III, prince d'Orange, a été nommé roi d'Angleterre en 1688, à l'exclusion de Jacques II, que ses peuples déposèrent à cause de l'excessive ardeur de son zèle pour la religion catholique (2).

Et il est à remarquer que ces deux dernières élections ont eu lieu pendant la vie des rois détrônés ; à plus forte raison, la France, après la

---

(1) Il est singulier de remarquer, qu'en suivant le système de *Louis XVIII*, le chef de sa race serait un usurpateur. Le duc de Lorraine avait absolument les mêmes droits *du sang* que Louis XVIII ; il était frère de Lothaire, avant-dernier roi, et oncle de Louis V, dit *le Fainéant*, qui, comme le fils de Louis XVI, avait été sans nulle autorité.

(2) Louis XIV, moins scrupuleux que son arrière-petit-fils, avait reconnu Guillaume III comme roi légitime ; il fit avec lui un traité de paix à Riswick, en 1697.

mort de Louis XVI, après un long interrègne, a-t-elle eu le droit de se choisir un chef. A plus forte raison, *Louis XVIII* a-t-il eu tort de considérer ce chef comme illégitime, et de prétendre qu'il était roi depuis dix-neuf ans *par la grâce de Dieu.*

Montesquieu a défini le gouvernement monarchique, celui où *un seul gouverne par des lois fixes et établies.* D'après ce principe, il est incontestable que les lois sont indépendantes de la volonté du roi, et qu'elles ont un pouvoir antérieur au sien. Or, ces lois ne peuvent être que l'ouvrage de la nation ; ainsi le pouvoir du roi réside dans la nation, puisqu'il est régi par les lois qu'elle a créées, et ce roi ne peut être légitime qu'autant que la nation l'a reconnu ou l'a nommé.

D'après ces raisons, bien fixé sur les droits des peuples, je n'hésite pas à dire que *Louis XVIII* n'a point été roi légitime pendant le temps qu'il a gouverné la France.

Par l'abdication de l'empereur Napoléon, la France n'avait plus de chef ; le seul acte qui ait appelé *Louis* au trône, est la constitution illégalement dressée par le sénat le 6 avril ; une condition y était attachée, *sine quâ non*, celle d'accepter cette même constitution. *Louis* a éludé cette condition ; donc l'acte qui l'appelait au trône est resté sans exécution, et s'est trouvé nul. Et comme un acte nul ne peut produire aucun effet, *Louis* n'a point été appelé au trône; il n'est pas plus roi aujourd'hui qu'il ne l'a été en 1814, pas plus qu'il ne l'était antérieurement à son retour en France.

Mais cette discussion nous entraîne trop loin. Reprenons le fil des événemens.

Louis, arrivé à Paris, s'occupa du traité de paix avec toutes les puissances. La convention que le comte d'Artois avait eu la faiblesse de souscrire, lui ôtait absolument les moyens de faire valoir les droits de la France; aussi les conditions de ce traité de paix furent-elles humiliantes pour elle; ses limites naturelles furent méconnues. La Belgique, dont la possession nous avait été assurée par plusieurs traités, la Belgique que sa position et le vœu de ses habitans avaient incorporée à la grande nation, nous est définitivement enlevée. Nous recevons de l'Angleterre une portion de Saint-Domingue qu'il faut conquérir, ou dont il faut détruire la population. Nous recevons encore la Martinique, la Guadeloupe. Mais l'Angleterre garde Gibraltar et l'île de Malte qui la rendent maîtresse de la Méditerranée; elle garde l'île de France, Tabago, Sainte-Lucie, les Sechelles, et par-là se trouve avoir la clef des grandes Indes. Nous cédons à l'ennemi

les immenses travaux exécutés dans le port d'An-
vers, et le partage de tous les objets d'armement
ou de construction maritime qui se trouvent
dans cet immense entrepôt est accordé aux Anglais.

Ce traité nous régit… Ce motif m'interdit
toute réflexion sur le présent et sur l'avenir.

Le jour fixé pour la présentation du nouvel
acte constitutionnel arriva. Le 14 juin, le sénat
et la chambre des députés étant réunis, *Louis* s'y
rendit, accompagné de M. Dambray, son chancelier. Je ne crois pas inutile d'entrer dans quelques détails sur cette séance; on y voit la base
des systêmes que le roi et ses ministres ont suivis.

M. Dambray ayant pris la parole, dit, entre
autres choses : « Il s'est écoulé *bien des années*
» depuis que la Providence appela notre mo-
» narque au trône de ses pères…. En pleine pos-
» session de ses droits héréditaires sur ce beau
» royaume, il ne veut exercer l'autorité qu'*il*
» *tient de Dieu et de ses pères*, qu'en posant lui-
» même les bornes de son pouvoir….. »

Ces phrases extraordinaires excitèrent une légère rumeur. Les députés, les sénateurs s'aper-
çurent que la France n'aurait qu'une ombre de
constitution, et ce n'était pas là leur vœu. Ces
phrases étaient en quelque sorte la préface du
préambule de la charte constitutionnelle, et ce

préambule était le développement du principe
de la royauté de *Louis XVIII*, consacrée par
dix-neuf années de règne. Comme ce préambule
n'a pas toujours été imprimé avec la charte, il
n'est pas inutile de le rapporter ici, tel qu'il fut
inséré dans le *Moniteur* du 5 juin.

« *Louis*, par la grâce de Dieu, roi de France
» et de Navarre, etc.

» La divine Providence, en nous rappelant
» dans nos Etats après une longue absence, nous
» a imposé de grandes obligations. La paix était
» le premier besoin de nos sujets; nous nous en
» sommes occupés sans relâche; et cette paix si
» nécessaire à la France, comme au reste de l'Eu-
» rope, est signée. Une charte constitutionnelle
» était sollicitée par l'état actuel du royaume;
» nous l'avons promise, et nous la publions. Nous
» avons considéré que, *bien que l'autorité toute*
» *entière résidât, en France, dans la personne du*
» *roi*, nos prédécesseurs n'avaient point hésité à
» en modifier l'exercice suivant la différence des
» temps; que c'est ainsi que les communes ont
» dû leur affranchissement à Louis le Gros, la
» confirmation et l'extension de leurs droits à
» S.-Louis et à Philippe le Bel; que l'ordre ju-
» diciaire a été établi et développé par les lois
» de Louis XI, d'Henri II et de Charles IX;
» enfin, que Louis XIV a réglé presque toutes

» les parties de l'administration publique par dif-
» férentes ordonnances, dont rien encore n'avait
» surpassé la sagesse (1).

» Nous avons dû, *à l'exemple des rois nos pré-*
» *décesseurs,* apprécier les effets des progrès tou-
» jours croissans des lumières, les rapports nou-
» veaux que ces progrès ont introduits dans la
» société, la direction imprimée aux esprits
» depuis un demi-siècle, et *les graves altéra-*
» *tions qui en sont résultées;* nous avons reconnu
» que le vœu de *nos sujets* pour une charte
» constitutionnelle était l'expression d'un besoin
» réel; mais, en *cédant à ce vœu,* nous avons pris
» toutes les précautions pour que cette charte
» fût digne de nous et du peuple auquel nous
» sommes fiers de commander : des hommes sa-
» ges, pris dans les premiers corps de l'Etat, se
» sont réunis à des commissaires de notre con-
» seil, pour travailler à cet important ouvrage.
» En même temps que nous reconnaissons
» qu'une constitution *libre* (2) et monarchique

----

(1) Ce rappel des actions des anciens rois était bien
inutile, s'il n'était pas nuisible. On aurait pu penser que
Louis XVIII voulait faire entendre qu'il ne s'engageait
pas plus que ne s'étaient engagés ses prédécesseurs.

(2) Celle que vous donnez n'est point *libre* relativement
à la nation, elle n'y a pas concouru.

»devait remplir l'attente de l'Europe éclairée,
» nous avons dû nous souvenir que notre pre-
» mier devoir envers nos peuples était de con-
» server *pour leur propre intérêt* les droits et les
» prérogatives de notre couronne. Nous avons es-
» péré qu'instruits par l'expérience ils seraient con-
» vaincus que l'autorité suprême peut seule don-
» ner aux institutions qu'elle établit, la force, la
» permanence et la majesté dont elle est elle-même
» revêtue ; qu'ainsi lorsque la sagesse des rois
» s'accorde librement avec le vœu des peuples ;
» une charte constitutionnelle peut être de longue
» durée ; mais que *quand la violence arrache des*
» *concessions à la faiblesse du gouvernement* (1),
» la liberté publique n'est pas moins en danger
» que le trône même. Nous avons enfin cherché
» les principes de la charte constitutionnelle dans
» le caractère français et dans les monumens vé-
» nérables des siècles passés. Ainsi, nous avons
» vu dans le renouvellement de la pairie une ins-
« titution vraiment nationale et qui doit lier tous

---

(1) Il était impolitique et peut-être maladroit de faire
entendre une pareille phrase ; elle pourra faire penser à
nos neveux que le gouvernement de *Louis XVIII* était
faible, et que c'est par *violence* que nous lui avons *arra-
ché* une charte.

» les souvenirs à toutes les espérances, en réu-
» nissant les temps anciens et les temps modernes.

» Nous avons remplacé par la chambre des
» députés, ces anciennes assemblées des champs
» de mars et de mai, et ces chambres du tiers-
» état, qui ont si souvent donné tout à la fois des
» preuves de zèle pour les intérêts du peuple,
» de fidélité et de respect pour l'autorité des rois.
» En cherchant ainsi à renouer la chaîne des
» temps, que de funestes écarts avaient interrom-
» pue, *nous avons effacé de notre souvenir*, comme
» nous voudrions qu'on pût les effacer de l'his-
» toire, tous les maux qui ont affligé la patrie
» *durant notre absence*. Heureux de nous retrou-
» ver au sein de la grande famille, nous n'avons
» su répondre à l'amour dont nous recevons tant
» de témoignages, qu'en prononçant des paroles
» de paix et de consolation. Le vœu le plus cher
» à notre cœur, c'est que tous les Français vivent
» en frères, et que jamais *aucun souvenir amer*
» ne trouble la sécurité qui doit suivre l'acte
» solennel que nous leur *accordons* aujour-
» d'hui.

» Sûrs de nos intentions, forts de notre cons-
» cience, nous nous engageons, devant l'assem-
» blée qui nous écoute, *à être fidèles à cette*
» *charte constitutionnelle*, nous réservant d'en
» jurer le maintien avec une nouvelle solennité,

(23)

» devant les autels de celui qui pèse dans la même
» balance les rois et les nations.

» A ces causes nous avons volontairement, et
» par le libre exercice de notre autorité royale ,
» *accordé et accordons , fait concession et octroi*
» à nos sujets, tant pour nous que pour nos suc-
» cesseurs, et à toujours, de la charte constitu-
» tionnelle , etc. »

Cette charte, ordonnance ou déclaration royale,
comme on voudra la nommer, fut reçue froide-
ment ; elle ne portait point le caractère qu'aurait dû avoir un traité solennel et irrévocable entre
une nation et un roi qu'elle était censée nommer. Ce n'était point un pacte social entre ce
roi et la nation ; aucune discussion ne l'avait précédée ; et d'ailleurs ces formules de *roi par la
grâce de Dieu*, de *concession et d'octroi*, et surtout les *dix-neuf années* de règne qui étaient men-
tionnées à sa date, durent paraître extraordinaires à des hommes qui connaissaient l'étendue
des droits de la nation qu'ils représentaient. Elles
parurent également extraordinaires au peuple,
habitué depuis vingt-cinq ans à raisonner sur les
questions les plus importantes de son gouvernement. Quoi, disait-on, il est roi depuis dix-neuf
ans ? Il était donc roi quand on nous égorgeait ?
Roi, *par la grâce de Dieu !* nous sommes donc
des troupeaux !

Cependant la charte constitutionnelle paraissait, à quelques exceptions près, rédigée dans des vues sages. Les esprits modérés s'y rangèrent; d'ailleurs il le fallait, le roi s'était assez fait entendre; si on ne l'avait pas acceptée telle qu'elle était, il n'en aurait point *concédé* une autre. On la regarda donc comme la loi fondamentale de l'Etat, et la nation dut compter sur sa stricte exécution, en considérant surtout que c'était à la violation de nos lois constitutionnelles qu'elle devait attribuer tous les maux qui l'avaient désolée (1).

J'ai dit au chapitre premier que le comte d'Artois et le duc d'Angouleme avaient, par leurs proclamations d'*arrivée*, annoncé la suppression des droits réunis. Il eût infiniment mieux valu ne pas faire cette promesse que de la violer ensuite. L'exercice de cet impôt a toujours été regardé comme vexatoire; on attendait de jour en jour la suppression promise. Le comte d'Artois ayant été nommé lieutenant général du royaume,

---

(1) Si les chambres avaient suivi leurs devoirs, elles n'auraient pas reçu la charte sans se réserver de l'examiner et de la faire agréer au peuple. En la recevant, comme elles l'ont fait, elles ont implicitement consacré le principe *que la nation est faite pour le trône*, et par cela elles ont attenté à la liberté et aux droits de leurs commettans, et les députés ont dépassé leurs pouvoirs.

rendit une ordonnance, le 27 avril, par laquelle, « sans préjudicier ce que le roi pourrait apporter » à la perception des droits réunis, il supprimait » le *décime de guerre* qui faisait partie de cette » perception. »

Dans plusieurs parties de la France, et notamment à Bordeaux, on refusa de reconnaître l'ordonnance de M. le lieutenant général du royaume, on préférait s'en tenir aux proclamations. Des mouvemens séditieux éclatèrent et amenèrent une proclamation du roi, le 10 mai, par laquelle il engagea ses peuples à acquitter exactement les droits réunis, « et à ne pas éten- » dre sur le *principal* la suppression qui ne re- » gardait que l'accessoire. »

CHAPITRE III.

Formation de la chambre des pairs. — Violations de la charte constitutionnelle.

La charte constitutionnelle fut immédiatement suivie de la composition de la chambre des pairs. Le roi y plaça en première ligne une foule d'émi- grés rentrés, ce qui était alarmant pour la nation, attendu que tous ces émigrés avaient des prétentions susceptibles de discussion relativement aux biens nationaux vendus ou invendus, aux rentes seigneuriales, aux droits féodaux. Toute la France a su par ses malheurs que l'ancien sénat était grandement susceptible d'être *purgé*. On s'attendait à voir entrer dans la chambre des pairs plusieurs hommes courageux, vrais amis de la patrie, qui s'étaient constamment opposés aux actes arbitraires ; mais, par une fatalité qui a suivi les opérations du règne de *Louis XVIII*, à la place de ces hommes intègres, on fit entrer dans la chambre dés pairs les courtisans les plus vils, et cette foule d'automates qui n'a jamais su dire son opinion. Quelle réunion ! quel contraste choquant d'hommes et d'opinions ! Il fallait une révolution comme celle qui venait d'avoir lieu pour montrer dans un même corps des élémens aussi opposés.

Il est à remarquer que la chambre des pairs n'offrait aucune garantie à la nation, et ne la représentait en aucune manière. L'article 27 de la charte donnait au roi le droit de nommer les pairs, et en illimitait le nombre. Or, si une loi proposée par le roi n'avait pas obtenu la majorité des suffrages, il dépendait du roi de créer de suite un nombre suffisant de pairs pour arriver à cette majorité : ainsi la chambre des pairs ne pouvait pas, en délibération, avoir une volonté autre que celle du roi.

Revenons à la charte constitutionnelle. La nation avait le droit de compter sur son exécution ; la parole royale était sa sauve-garde contre les agens de l'autorité ; la nation a été détrompée, elle a pu penser que le roi n'avait donné la charte constitutionnelle que pour arriver plus aisément au trône..... Nous allons montrer les violations que cette loi, qui dut être sacrée, a souffertes, et qui sont, on n'en peut douter, les véritables causes du mécontentement du peuple et de l'armée, et, par suite, du renversement des Bourbons.

Première violation de la Charte.

Charte, art. 5. Chacun professe sa religion avec une égale liberté, et obtient pour son culte la même protection.

Art. 68. Le Code civil et les lois actuellement existantes, qui ne sont pas contraires à la présente charte, restent en vigueur jusqu'à ce qu'il y soit légalement dérogé.

Une loi du 18 germinal an 10 avait posé en principe que les citoyens auraient la faculté de se livrer les jours de dimanches et fêtes *à leurs occupations ordinaires*, et qu'aucune cérémonie n'aurait lieu hors des édifices consacrés au culte catholique, dans les villes où il y aurait des temples consacrés à des cultes différens.

Ces dispositions, qui étaient la conséquence de la liberté des cultes, avaient acquis une nouvelle force par l'article 260 du Code pénal de l'an 10, qui porte que *tout particulier qui aurait contraint une ou plusieurs personnes de célébrer certaines fêtes, d'observer certains jours de repos, et de fermer leurs ateliers, boutiques ou magasins, serait puni, pour ce seul fait, d'une amende de 16 francs à 200 francs, et d'un emprisonnement de six jours à deux mois.*

Ces dispositions étaient positives, elles régissaient la France et devaient la régir jusqu'à ce qu'il y eût été légalement dérogé. Cependant M. le directeur général de la police, sans s'arrêter aux termes de la charte, rendit, le 7 juin 1814 (1), deux ordonnances qui portaient :

La première, que tous les particuliers, *quel que fût leur culte,* tendraient le devant de leurs maisons dans toutes les rues où devaient passer les processions du saint sacrement ;

La seconde, que *tous les travaux* seraient interrompus les dimanches et jours de fêtes, et en conséquence il interdisait aux marchands d'ouvrir leurs boutiques (2) ; aux artisans et ouvriers

---

(1) Trois jours après que la charte nous avait été donnée, M. le directeur général tenait à avoir *ses prémices.*

(2) Les subalternes, qui ont toujours intérêt *à plaire*

de faire aucun ouvrage de leur profession ; aux maîtres de cafés d'ouvrir leurs établissemens , et il prononçait contre les contrevenans des amendes qu'il élève jusqu'à 5oo francs, et même la confiscation des objets mis en vente.

Ces deux ordonnances étaient un abus de pouvoir insigne. Le roi lui-même n'aurait pas eu le droit de les rendre ; la puissance législative, qui s'exerçait conjointement par le roi et la chambre des pairs et par la chambre des députés (1) , pouvait seule détruire par de nouvelles lois des lois déjà existantes.

Je ne sais pas quel effet produisirent dans les provinces ces deux ordonnances bien impolitiques dans les circonstances où se trouvait la France : à Paris elles firent le plus mauvais effet

---

au maître, abusent trop souvent des ordres qu'on leur donne. En cette occasion, l'un d'eux alla *plus loin que l'ordonnance ne porte*. Le Journal de Paris rapporte, à la date du 18 juillet 1814, qu'un agent de la police ne voulut pas permettre qu'un marchand, dont l'habitation n'avait pas d'autre issue que la porte de sa boutique, sortît de chez lui sous prétexte, qu'aux termes de l'ordonnance *cette porte devait être fermée.*

(1) Charte, art. 15 : La puissance législative s'exerce collectivement par le roi , la chambre des pairs et la chambre des députés des départemens.

sur toutes les classes de citoyens, et notamment sur les plus nombreuses qu'elles frappaient directement ; elles semblaient annoncer le retour des priviléges du clergé, et les vexations de toute espèce qui y sont attachées ; vexations qui retombaient toujours sur la classe du peuple.

Plusieurs marchands ont dû être traduits en justice par suite de ces deux ordonnances ; je serais curieux de savoir comment les tribunaux se sont comportés dans ces circonstances véritablement épineuses pour les juges, car le directeur général de la police avait beaucoup de crédit..... Je voudrais avoir été appelé, *moi qui n'ai pas de place de juge à perdre*, à la défense de quelque *contrevenant*, je n'aurais certainement pas manqué de conclure à ce que le directeur général fût condamné à une amende de 200 fr. et à un emprisonnement de deux mois, sans préjudice de la peine qu'il avait appelée sur sa tête, et qui est prononcée par l'art. 127 du Code pénal, ainsi conçu : « Seront coupables du » crime de forfaiture, et punis de la dégradation » civique, les officiers de police qui se seraient » immiscés dans l'exercice du pouvoir législatif, » en arrêtant ou suspendant l'exécution d'une » loi. »

Je laisse à mes lecteurs à juger. Il y avait de quoi gémir de voir un ministre se conduire d'une manière aussi illégale ; il était réservé sans doute au règne de Louis xviii de voir à la tête de la police et à d'autres ministères des hommes d'une ineptie jusqu'alors inconnue.

La chambre des députés, mandataire du peuple, aurait dû réclamer l'autorité des lois et faire supprimer les deux ordonnances du directeur de la police ; mais la chambre des députés a trop souvent oublié ses devoirs. Une des deux ordonnances fut métamorphosée en loi le 18 novembre 1814 ; cependant, il faut le dire, à cause de la rareté du fait, le directeur général de la police n'a pas obtenu tout ce qu'il avait demandé ; cette loi n'autorise pas les cérémonies religieuses hors des édifices consacrés au culte catholique.

Deuxième violation.

Charte, art. 8. Les Français ont le droit de publier et de faire imprimer leurs opinions en se conformant aux loix qui doivent réprimer les abus de cette liberté.

M. l'abbé de Montesquiou, ministre de l'intérieur, fut le second qui porta la main sur la charte constitutionnelle : six jours après la publication de cette *loi sacrée*, le 10 juin, il rendit une ordonnance qui rétablit la censure.

Personne n'était tenu de se soumettre à cet acte

arbitraire (1); cette fois encore la chambre des députés a manqué à ses devoirs, en ne réclamant pas l'autorité de la loi..... La chambre des députés a eu tort encore de demander au roi un projet de loi sur la liberté de la presse. Par cette demande, elle considérait implicitement comme douteux le droit accordé par la constitution; elle n'examinait pas que la liberté de la presse était un des droits les plus sacrés du peuple, celui sans lequel l'exercice de tous les autres devenait précaire.

Si les ministres du roi, et notamment M. l'abbé de Montesquiou qui l'approchait chaque jour, n'avaient eu en vue que l'intérêt du trône, ils auraient renvoyé loin du roi l'idée de porter la moindre atteinte à la charte constitutionnelle à laquelle il avait juré, en présence des députés de la nation, d'être fidèle; ils lui auraient fait sentir que le peuple français, déçu sur les promesses qui lui avaient été faites relativement aux droits réunis, mécontent de la manière dont le roi avait

----

(1) Dans la séance de la chambre des pairs, du 12 juin, un des pairs demanda à être autorisé à faire imprimer les motifs d'une proposition qu'il faisait; un de ses collègues observa qu'il ne fallait pas s'arrêter à l'ordonnance inconstitutionnelle de l'abbé-ministre. L'assemblée adopta cette observation.

saisi le sceptre, était devenu soupçonneux et mé-
fiant; enfin ils lui auraient fait entrevoir le danger
qu'il y avait de faire croire à la nation que ses
promesses antérieures à son arrivée, et même
le don de la charte, n'avaient eu pour but que
d'arriver plus aisément au trône.

Mais le ministre de l'intérieur craignait la liberté de la presse ; il mettait évidemment son
intérêt personnel à la place de l'intérêt du monarque. Il présenta à la chambre des députés le
projet de loi demandé ; et, par une dérision sans
exemple, il donnait pour motif à ce projet le
désir de faciliter la liberté de la presse.

Tous les journaux, à l'exception de la *Gazette
de France* (1), s'élevèrent contre M. l'abbé-ministre et contre le rétablissement de la censure.
Pas un seul homme n'osa publiquement s'en avouer
le défenseur. Il parut divers écrits, où la question
fut traitée d'une manière très-judicieuse, parmi
lesquels on peut particulièrement citer ceux de
MM. Durbach, membre de la chambre des députés, Benjamin-Constant, Soulety et Suard.

---

(1) La *Gazette de France* insinua fort doucement à ses
lecteurs, que ceux qui voulaient la liberté de la presse
étaient d'infâmes sicaires, prêts à attenter aux jours du
roi. Cela sent bien le Montesquiou ou le Blacas.

Leurs voix ne furent point entendues; un grand nombre de députés, hommes ineptes (les départemens nous en font passer quelquefois), furent de l'avis du ministre; et quoique la liberté de la presse eût trouvé d'éloquens défenseurs, tels que MM. Durbach, Raynouard et plusieurs autres, le ministre l'emporta. Il imagina que le mot *réprimer* était synonyme de *prévenir*, et par ce moyen il concilia la censure avec la liberté de la presse. Il présenta avec beaucoup de sagacité les avantages de la censure, et parut étrangement alarmé des dangers auxquels l'imprimerie aurait exposé la réputation des femmes et des petites filles. La majorité de la chambre se rendit au pathétique de sa harangue.

De la chambre des députés le projet de loi fut envoyé à la chambre des pairs. Là, les pairs les plus distingués par leurs lumières, et ceux qui avaient généreusement versé leur sang pour la patrie, furent les défenseurs de la liberté de la presse, mais ils ne formaient que la minorité : la censure fut rétablie par une loi du 21 octobre 1814.

Par le résultat de cette loi vingt-quatre millions de citoyens ont pu être impunément diffamés et plongés dans les cachots sans qu'il leur fût possible de faire entendre leurs voix et de se

justifier ; mais aussi M. l'abbé de Montesquiou a
pu dormir tranquille :

. . . . . Tantæne animis cœlestibus iræ!

Troisième violation.

Charte, art. 12... Le mode de recrutement de l'armée de
terre et de mer est déterminé par une loi.

Le roi , par trois ordonnances , rendues les
23 mai , 15 juin et 15 juillet , a fixé le mode de
recrutement de sa garde ; il n'en avait pas le droit.
Aux termes de l'art. 12 de la charte ce recrutement ne pouvait être déterminé que par une loi
proposée par le roi , portée aux deux chambres ,
et votée librement par chacune d'elles. Ces trois
ordonnances sont , de plus , contraires à l'art. 92
du code pénal , qui prononce la peine de mort
contre tout homme qui se permet de faire un recrutement illégal.

Quatrième violation.

Charte, art. 63. Il ne pourra être créé de commission et
tribunaux extraordinaires.

Par une ordonnance du 21 juin, le roi a établi un conseil d'état composé d'un conseil d'*en-
haut* , d'un conseil privé , et de cinq comités particuliers , et il a donné à ce conseil d'état le droit

de juger les préventions des fonctionnaires publics, et de décider en matières contentieuses. Deux nouvelles ordonnances, rendues le 5 juillet suivant, ont réglé l'organisation de ce conseil d'état.

Ces trois ordonnances sont trop évidemment en contradiction avec l'art. 63 de la charte. Quelle que fût, au reste, l'importance des fonctions du conseil d'état, le nombre et le rang de ses membres, ce n'était point un corps de l'État; il n'avait aucune existence politique.

Cinquième violation.

Charte, art. 15. La puissance législative s'exerce collectivement par le roi, la chambre des pairs et la chambre des députés des départemens.

Une ordonnance royale, du 27 juin, a annullé une loi du 22 ventôse an 12, qui déterminait les droits d'entrée sur les poissons de mer.

Une *ordonnance* ne peut point annuller une *loi;* il fallait une loi nouvelle, discutée et votée librement; les chambres étaient en session, il n'était rien de plus facile que de la faire rendre. En vérité, je crois qu'on a violé la charte pour le seul plaisir de nous faire voir qu'elle avait été donnée *pour la forme.*

Sixième violation.

Charte, art. 12. Rapporté à la troisième violation.

L'ordonnance du premier juillet 1814 , par laquelle le corps royal des canonniers de la marine a été organisé, est en contravention de l'art. 12 de la charte. Cette ordonnance fait revivre des ordonnances abrogées et détermine un mode de recrutement.

Toutes ces violations seraient regardées comme étant de peu d'importance s'il ne s'agissait de la loi fondamentale d'un Etat. Je les établies, afin de montrer le peu de respect que le roi et ses ministres avaient pour la charte constitutionnelle. Si je rapportais toutes les ordonnances qui ont été rendues contrairement à cette loi sacrée , ou qui dût l'être , on pourrait m'accuser de copier le bulletin des lois.

Septième violation.

Charte, art. 69. Les militaires en activité de service , les officiers et soldats en retraite , les veuves , les officiers et soldats pensionnés conserveront leurs grades, honneurs et pensions.

Le roi, par une ordonnance du 16 décembre 1814, a restreint à la demi-solde les officiers de tous grades, et les administrateurs militaires non pourvus de lettres de service, ainsi que ceux en congé.

C'est-là assurément l'acte le plus impolitique du gouvernement de *Louis XVIII*. Ses ministres et ses courtisans ont-ils eu la coupable ineptie de lui conseiller une mesure aussi injuste, ou bien a-t-il eu lui-même la première idée de cette ordonnance ? Et alors, comment a-t-il pu oublier à la fois et toutes les promesses qu'il avait faites avant d'entrer en France et la disposition si précise de la charte ?

La conduite du roi fait faire bien des réflexions ; si dans tout ce qu'il a fait il a agi sciemment, et il est bien difficile de penser d'une autre manière, il ne faut pas le plaindre, il a mérité son sort, et s'est précipité lui-même. Si, au contraire, par faiblesse ou par un motif mal entendu de reconnaissance (1), il s'est laissé aveu-

____

(1) Quand je dis *motif mal entendu de reconnaissance*, j'ai en vue ces coryphées de la chouauerie, hommes horribles, encore dégoûtans du sang des Français, qui, pendant l'an 1814, ont disposé des récompénses, des décorations. Je ne les ai en aucun temps regardés comme royalistes, ils n'étaient à la Vendée que des chefs de bandits, des égorgeurs atroces ; leur but était bien plus de s'engraisser de pillage que de rétablir le trône des Bourbons. Que l'on consulte les habitans des pays par où ils passaient.

gler par la foule des courtisans qui l'entouraient, tous dès long-temps ennemis jurés de la nation française, et surtout de l'armée, plaignons-le, et plaignons avec lui tous les rois faibles et les malheureux peuples qu'ils sont appelés à gouverner.

Huitième violation.

Charte, art. 1er. Les Français sont égaux devant la loi, quels que soient d'ailleurs leurs titres et leurs rangs.

Art. 3. Ils sont tous également admissibles aux emplois civils et militaires.

Ces principes sont positifs et n'ont pas besoin de commentaire. Comment le roi a-t-il pu rendre, le 30 juillet, une ordonnance qui rétablit l'Ecole royale militaire, *à l'effet*, y est-il dit, *de faire jouir la noblesse du royaume des avantages qui lui avaient été accordés par un édit de* 1751 ?

Cette ordonnance avait été précédée de la suppression de plusieurs maisons qui étaient particulièrement destinées à l'éducation des jeunes orphelines dont les pères, membres de la Légion d'honneur, étaient morts sans laisser de fortune.

A la vérité, la nouvelle ordonnance faisait exception en faveur des enfans des officiers généraux ; mais il est trop facile de voir que cette exception était commandée par les circonstances. Des hommes qui faisaient mouvoir des baïonnettes étaient à considérer.

L'article 71 de la charte conservait les titres de la nouvelle noblesse ; mais en supposant que cet article eût été plus respecté que les autres, avec quelle facilité n'aurait-on pas éludé sa disposition ! Les anciens nobles ne savent pas manier l'épée, mais ils savent savamment discuter sur leurs prétentions, et bien certainement leurs descendans auraient eu le pas sur les enfans des nouveaux nobles ; leurs avocats auraient prouvé qu'*autrefois*, pour être admis à l'Ecole royale, il fallait cent ans de noblesse ; et d'ailleurs ils auraient fait exclure des jeunes gens dont les pères n'avaient pas servi *la bonne cause.*

Neuvième violation.

Charte, art. 11. Toutes recherches des opinions et votes émis jusqu'à la restauration, sont interdites.

Art. 59. Les cours et tribunaux ordinaires actuellement existans sons maintenus ; il n'y sera rien changé qu'en vertu d'une loi.

Ces articles rappelaient les promesses faites par *Louis* dans son adresse au peuple français, du premier janvier 1814.

Un projet de loi d'organisation pour la cour de cassation est présenté à la chambre des députés. La chambre, avant de l'adopter, demande qu'il y soit fait quelques amendemens; elle n'est point écoutée. Peu de jours après, la session de la chambre des députés est ajournée, et le roi, *par sa seule volonté*, organise la cour de cassation, et en expulse plusieurs membres sans donner les motifs de leur expulsion, mais bien évidemment à cause des opinions émises par eux antérieurement à la *restauration*.

Le roi oubliait encore l'art. 11 de la charte, lorsqu'il ordonnait de faire sortir de la première société savante de son royaume, de l'Institut, dans le sein duquel toute opinion politique est étrangère, quinze membres (1) connus par leurs

______

(1) Ces quinze membres sont : de la première classe, MM. Guyton - Morveau, Carnot, Monge et Napoléon Bonaparte;

De la deuxième, MM. Cambacérès, Merlin, Rœderer, Garat, Syeyes, Maury, Lucien Bonaparte;

De la troisième, MM. Lakanal, Grégoire, Joseph Bonaparte;

De la quatrième, M. David.

Quelques personnes diront peut-être : *Le roi avait raison, quant à Nopoléon, Lucien et Joseph Bonaparte.* — Non, les talens seuls font entrer à l'Institut; ce n'est pas l'homme qu'on y appelle, ce sont ses lumières. D'ailleurs il aurait été plus *royal* de se conduire autrement.

hautes connaissances, mais qui avaient participé à la révolution.

Dixième violation.

Charte, art. 48. Aucun impôt ne peut être établi ni perçu s'il n'a été consenti par les deux chambres et sanctionné par le roi.

M. le grand chancelier Dambray a voulu aussi dire un mot à la charte constitutionnelle ; il aurait été bien extraordinaire que l'ouvrage de la civilisation et du progrès des lumières eût passé par les mains de ce grand partisan de la barbarie des siècles passés sans recevoir quelque atteinte. M. le grand chancelier, toujours armé de sa serpe destructive, a fait, d'un seul coup, disparaître l'art. 48 de notre *loi sacrée* ; ensuite, et de sa propre autorité, il a fait payer des droits par les juges pour les provisions de leurs charges, d'autres droits pour des lettres de naturalisation, des droits sur les journaux, etc., etc.

Cette usurpation du pouvoir législatif par le chef de la justice était tout-à-fait édifiante ; elle montrait assez jusqu'à quel point M. Dambray respectait l'autorité des lois (1), et jusqu'à quel

---

(1) De tous les ministres, M. Dambray est celui qui, *par ses vieilles idées*, a entraîné la cour dans le plus

point la charte constitutionnelle lui paraissait sacrée.

M. le grand chancelier s'était tracé une marche particulière pour nous faire rétrograder graduellement de trois ou quatre siècles. Quand il prit les rênes de la justice, on comprenait encore ses discours : ce ne fut qu'un mois après qu'il prit le jargon gothique, et se donna la qualification d'*amé et féal*. Au mois de mai, il se hasarda à dater ses actes de l'*an de grâce ;* un mois après les juges furent des *gens tenant nos cours*, et il ordonna à *ces gens* que les lois *ils eussent à faire lire et registrer.* Tout cela était déplacé ; ces formules semblaient être un acheminement aux abus du treizième siècle.

---

de bévues. Ses partisans, ses amis conviennent qu'il n'est qu'un *roitelet ;* consultez-le, il vous fera entendre qu'il est un *aigle.* Un jour un *suppliant* réclamait sur une de ses décisions, et lui représentait très-respectueusement que Louis le Grand, M. Seguier étant chancelier, avait, en pareille circonstance, décidé d'une manière différente. — J'en conviens, dit M. Dambray, mais MOI j'ai décidé différemment.

CHAPITRE IV.

Ordres de Saint-Louis, du mérite Militaire, de la Légion d'honneur.

Une loi du 30 juillet 1791 avait supprimé tout ordre de chevalerie, toute corporation, toute décoration.

Louis xvi l'avait sanctionnée; cette seule raison eût dû la faire respecter, mais la mémoire de ce malheureux monarque devait être outragée par ceux mêmes qui recueillaient son trône à titre d'héritage, et qui ne voulaient pas le devoir à un autre titre. Rien n'eût été plus facile que de faire revivre l'ordre de Saint-Louis, une simple ordonnance royale suffisait. On a mieux aimé nous laisser penser que Louis xvi était en état d'*incapacité* lorsqu'il sanctionna la loi de 1791, puisqu'on a créé de nouveaux chevaliers sans recréer l'ordre.

Les mêmes raisons s'appliquent à l'ordre du mérite militaire, créé par un édit du 10 mars 1759, et conséquemment aboli par la loi de 1791.

Les Bourbons voulaient donner de la faveur à la croix de S.-Louis, à l'exclusion de la Légion d'honneur ; mais les militaires français préféraient tous cette dernière décoration. L'institution de la Légion d'honneur est en elle-même infiniment plus belle que l'institution de l'ordre de Saint-Louis. Un militaire, quel qu'il soit, pourvu qu'il ne soit pas simple soldat (distinction indigne, et qui n'est nullement en harmonie avec nos mœurs actuelles), peut obtenir la croix de S.-Louis, pourvu qu'il serve pendant vingt-cinq années, ne se trouvât-il jamais au champ d'honneur. Ainsi cette décoration est plutôt la récompense de *la persévérance* que du mérite réel. Il en est tout autrement de la Légion d'honneur. Il ne suffit pas, pour en recevoir la décoration, de *monter la garde* dans une antichambre ; le militaire qui sert sans distinction ne l'obtiendra jamais ; elle est exclusivement la récompense du brave ; un seul jour peut la lui donner, une seule action d'éclat la lui fait obtenir ; c'est en quelque sorte un écusson que le souverain place sur le cœur du militaire, et sur lequel il écrit : *Tu es un homme d'honneur.*

Un grand motif de défaveur s'attachait encore à la croix de S.-Louis ; elle était portée par une foule d'émigrés qui, pendant vingt-cinq ans, avaient servi sous les drapeaux de nos ennemis, par tous ces chefs de chouans qui avaient rougi leurs mains du sang de nos frères, et souvent du sang des femmes et des enfans des malheureux Vendéens.

Les Bourbons voulaient abolir l'ordre de la Légion d'honneur, il est impossible d'en douter. Pour y parvenir on décida d'abord, et en comité secret, qu'à l'avenir la décoration n'en serait accordée qu'aux services civils ; et, pour prévenir l'armée d'une détermination qui ne pouvait que lui déplaire, on la fit annoncer, comme *bruit de ville*, dans le *Journal des Débats* du 21 juin.

L'article du journal excita les justes réclamations de plusieurs légionnaires. « Quoi ! disait » l'un d'eux, les militaires ne seront plus admis » dans la Légion d'honneur ! S'imagine-t-on que » maintenant les militaires dédaignent une décoration pour l'obtention de laquelle ils ont supporté des fatigues inouies, des privations inconcevables, et se sont exposés à des dangers » que nuls guerriers avant eux n'auraient osé » braver ; une décoration, récompense des faits » d'armes les plus brillans, et de tout ce que la » valeur a pu jamais enfanter de prodiges ? (1) »

---

(1) Réflexions de M. le chevalier Alexandre Roger, sur l'article du *Journal des Débats*. Paris, chez madame veuve Jeunehomme.

Ces raisons, quelque bonnes qu'elles fussent, ne firent point changer la détermination déjà prise ; le *Journal des Débats* reçut un nouvel article pour tranquilliser et calmer les légionnaires, pour les assurer qu'on respectait trop la Légion d'honneur pour la réduire au mérite civil. Vaines promesses ! L'anéantissement de cet ordre était décidé, et, pour y arriver, on en répandit la décoration avec la profusion la plus extraordinaire ; les ministres en faisaient faire des distributions journalières parmi les commis de leurs bureaux, et ne la portaient point eux-mêmes (1) ; en sorte qu'en peu de temps cette décoration était devenue le dernier ordre de l'Etat.

Il est à remarquer que le roi n'a jamais perdu une occasion de violer la charte constitutionnelle. L'art. 72 de cette loi fondamentale portait en propres termes : « *La Légion d'honneur est* » *maintenue.* » Etait-ce la maintenir que de la verser à tort et à travers ? Je ne crois pas que

---

(1) Ceux qui douteront de ce fait n'ont qu'à passer à l'hôtel des postes, rue J. J. Rousseau ; le portier leur dira que tous les commis portaient la décoration, et que M. Ferrand, directeur des postes, ne la portait pas. M. Ferrand pouvait dire comme Philoctète :

J'ai fait des souverains et n'ai pas voulu l'être !

personne puisse le prétendre. Cet article a encore été violé lorsqu'il a été fait remise aux anciens propriétaires de partie des biens qui formaient la dotation de la Légion d'honneur. Par suite de cette remise, la pension attachée à la Légion d'honneur ne pouvait plus être intégralement payée. Etait-ce la maintenir?

CHAPITRE V.

Biens d'origine nationale.

Il y a en France deux espèces de biens nationaux, 1° ceux qui proviennent du clergé, et que l'on nomme *biens nationaux de première origine;* 2° ceux qui proviennent des émigrés, que l'on appelle tout simplement *biens nationaux.*

Une grande partie de ces biens avait été vendue, tant sous le règne de Louis XVI que depuis sa mort. Ces ventes avaient été faites par le gouvernement alors existant, et ne pouvaient en aucune manière être attaquées.

Le gouvernement français avait disposé de la partie invendue de ces mêmes biens en faveur des hospices et en faveur de l'ordre de la Légion d'honneur. Le gouvernement ne pouvait plus avoir aucun droit sur ces biens.

Cependant *Louis XVIII*, par son ordonnance du 4 juin, avait annoncé *vouloir rendre* aux anciens propriétaires ceux des biens nationaux confisqués à leur préjudice qui n'avaient pas été vendus. Mais cette ordonnance se réduisait, en quelque sorte, à exprimer plutôt un vœu qu'à régler l'exécution des intentions du roi. En supposant, ce que je ne puis admettre, que les biens donnés à la Légion d'honneur et aux hospices pussent leur être enlevés, une loi seule aurait pu en ordonner la remise aux anciens propriétaires.

Le projet de cette loi fut présenté à la chambre des députés par le ministre Ferrand ; ce ministre en exposa en même temps les motifs, et sa bienveillance envers les anciens propriétaires, l'emportant peut-être plus qu'il n'aurait voulu, il fit une longue apologie des *droits sacrés et imprescriptibles* que les hommes qui avaient suivi LA LIGNE DROITE (1) *avaient sur les propriétés dont les orages révolutionnaires les avaient dépouillés.* Ces mots retentirent jusqu'aux bornes de la France, et portèrent la terreur chez les pro-

____

(1) C'est l'expression dont se servit le ministre pour désigner les émigrés.

priétaires de domaines nationaux ; ces mots ter-
ribles, prononcés à la tribune des représentans de
la nation , semblaient être les précurseurs de la
foudre. Tout à coup les propriétaires éprouvèrent
les maux de l'indigence au milieu d'une richesse
apparente ; l'opinion frappa leurs propriétés d'une
telle défaveur, qu'ils n'auraient pas pu les vendre,
même au plus bas prix. Alors la chambre des députés sentit la nécessité de réfuter publiquement
le discours d'un ministre que ses opinions parti-
culières avaient entraîné si loin des bornes de la
justice et de la modération. M. Bedoch , l'un des
députés , très-distingué par son courage et par
son amour pour son pays, se chargea de cette
réfutation. « Le roi, dit - il , n'a et ne peut
» avoir au fond de son cœur que la ferme vo-
» lonté de tenir les promesses qu'il a faites. Il a
» déclaré (article 9 de la charte) que toutes ces
» propriétés étaient inviolables ; que les droits
» acquis à des tiers devaient être maintenus. Pour-
» quoi donner aux uns des espérances qu'on ne
» pourra jamais réaliser ? Pourquoi donner aux
» autres des craintes mal fondées ?

» M. le ministre n'a vu qu'une partie des maux
» qui ont accablé la France. Une seule classe de
» citoyens lui a inspiré de l'intérêt. Mais les émi-
» grés sont - ils les seuls qui aient éprouvé des
» pertes et des malheurs ? Tous les intérêts n'ont-

» ils pas été froissés par la révolution ? Les créan-
» ciers de l'État, les capitalistes n'ont-ils pas été
» remboursés avec un papier-monnaie qui a péri
» dans leurs mains ? Quelles sont les fortunes qui
» n'ont point éprouvé une secousse plus ou moins
» violente ? Les propriétés, les lois, les mœurs,
» tout a changé ; et telle est aujourd'hui la direc-
» tion des esprits et des opinions, qu'on ne pour-
» rait tenter de rétablir l'ancien ordre de choses
» sans s'exposer à voir succéder aux troubles qui
» ont agité la France pendant la révolution, de
» nouveaux troubles, de nouvelles dissentions. »

Ces paroles énergiques firent revivre l'espérance dans le cœur des propriétaires. Le patrio-
tisme de l'intègre député alla plus loin : fidèle au
mandat qu'il avait reçu de ses concitoyens, il
voulut les rassurer encore, et faire consacrer légalement le principe qu'il venait de développer.
En conséquence, et comme organe de la commission chargée d'examiner le projet de loi présenté par le ministre, il proposa d'ajouter à ce
projet un article additionnel, ainsi conçu : « Les
» biens invendus seront rendus dans l'état où ils
» se trouvent actuellement, et il ne pourra, *dans*
» *aucun temps et sous aucun prétexte*, y avoir
» lieu *à aucune indemnité* en faveur des anciens
» propriétaires des biens vendus, ni leur être fait

» *d'autres remises* que celles ordonnées par la
» présente loi. »

Cet article assurait la tranquillité publique, et
n'enlevait aux émigrés que des espérances devenues illégitimes dès long-temps, mais surtout depuis le don de la charte; il leur ôtait l'espérance,
désormais impossible à réaliser, de recouvrer les
biens vendus à des tiers sans leur ravir celle de
recevoir du monarque ou de la nation, dans un
temps plus favorable, les secours qui pourraient
leur être accordés.

Cette addition fut improuvée par la cour et
par les ministres, et M. le président Laîné s'éleva
avec véhémence contre l'article proposé; il donna
pour raison que cet article ne pouvait avoir aucun effet, puisque le principe était déjà posé par
la charte, et cependant il l'attaqua comme dangereux, *comme pouvant nuire aux émigrés*, et le
fit supprimer.

Ainsi, les membres de la commission furent
trompés dans leur attente, et eurent à se repentir
d'avoir proposé l'addition de l'article dont il s'agissait. Sa suppression fit naître des craintes nouvelles; les possesseurs de biens nationaux crurent
dès-lors apercevoir que l'on ménageait aux émigrés rentrés les moyens de revenir sur des ventes
sanctionnées par vingt-cinq ans de possession;
leur fortune était menacée, leur repos fut trou-

blé, et tous leurs vœux, dès ce moment, appelaient un nouvel état de choses et le retour d'un gouvernement protecteur de toutes les fortunes et de tous les citoyens.

L'ancienne noblesse augmentait encore, et cherchait, par tous les moyens possibles, à augmenter les craintes trop fondées des propriétaires nationaux. Elle affectait hautement le plus profond mépris pour la charte constitutionnelle, qui, dans ses discours, n'était qu'un acte *de forme.* La cour et les ministres montraient assez, par les actes émanés d'eux-mêmes, combien peu ils faisaient de cas des dispositions de notre loi constitutive.

La diffamation contre les propriétaires nationaux était à l'ordre du jour dans les journaux ministériels, tels que le *Journal Royal* et la *Quotidienne.* Et cependant ces journaux étaient soumis à la censure des agens du gouvernement.

Les émigrés trouvaient des avocats pour soutenir leurs prétentions ; MM. Dard et Falconnet donnèrent chacun un ouvrage où ils manifestèrent l'opinion que les biens nationaux, pour compléter la restauration, devaient être rendus à leurs anciens propriétaires.

CHAPITRE VI.

Monument à la mémoire des émigrés morts à Quiberon. — Féte d'Austerlitz supprimée. — Anoblissement de Cadoudal. — Troublés de Rennes.

Ce n'était point assez d'avoir mis en oubli les promesses faites par *Louis* avant son arrivée en France, et renouvelées par la charte, de maintenir les grades, solde et pensions des militaires ; ce n'était point assez d'avoir privé la garde impériale de l'honneur de garder la personne du souverain, et de l'avoir remplacée par un corps entier d'officiers imberbes commandés par des vieillards hors d'état de supporter les moindres fatigues ; il fallait encore insulter à l'armée française en élevant des trophées à la gloire de ses plus cruels ennemis, il fallait orner le front de ces mêmes ennemis qu'elle avait vaincus, des lauriers qui ne devaient appartenir qu'aux vainqueurs; il fallait enfin insulter aux plus beaux faits d'armes de l'armée française.

On se rappelle qu'une poignée d'émigrés, ap-

portés par les flottes anglaises, reçurent à Quiberon le prix de leur déloyauté, en périssant
autant par les coups de l'ennemi perfide qui les
versait sur la France pour y répandre la guerre
civile, que par les coups de la vengeance nationale. La France devait élever des monumens
à ceux qui, dans cette lutte, étaient tombés sous
les coups de ses ennemis. Mais, ô honte! quand
il fallait jeter un voile épais sur les actions de
ces Français ingrats, on a fait à la nation, à
l'armée, le sanglant outrage de proposer en
public de leur élever un monument expiatoire.
Hélas! de tant de Français moissonnés par la
guerre dans les champs de l'honneur, n'avions-
nous donc à regretter que cette poignée de
malheureux armés contre leur patrie! Quoi! les
héros de Marengo, d'Austerlitz, étaient-ils moins
sacrés, étaient-ils moins chers à la patrie que
cette foule d'enfans ingrats qui venaient la déchi-
rer, qui tentaient de lui rendre des fers qu'elle
avait brisés au prix de tant de sang!

Les vainqueurs d'Austerlitz recevaient encore
de nouveaux outrages. Un décret du 19 février 1806 avait institué un fête pour célébrer
l'anniversaire de cette bataille immortelle; c'était
la fête de tous les vrais Français! eh bien, le roi,
si fier dans ses discours des faits d'armes de
l'armée française, a supprimé cette fête vraiment

nationale, par une ordonnance du 16 juillet 1814. Et quels termes a-t-on osé employer pour motiver cette suppression? Quel en a été le motif? J'ai peine à le dire ; la fête de l'anniversaire de la journée d'Austerlitz a été supprimée, attendu qu'elle était *étrangère par son objet* à la religion et à la *France !*

J'ai promis un simple récit de faits ; je devrais m'abstenir de toute réflexion : que j'ai de peine à contenir mon indignation ! Il faut pourtant raconter de nouvelles indignités.

Si le règne des émigrés n'avait pas été renversé, quelle aurait été notre règle pour apprécier les actions des hommes? Ravaillac, Damiens ont toujours été regardés comme d'infâmes assassins, et ont péri sur l'échafaud du Crime. Georges Cadoudal, ancien chef de chouans, déjà noirci de brigandages, veut porter une main sacrilége sur le chef que la France s'est choisi, il est puni de la peine capitale, la nation applaudit à son supplice, et sa mémoire est en horreur.

Tout à coup la scène change. M. Dambray demande et obtient des lettres de noblesse, le 12 octobre 1814, pour le père de Georges Cadoudal, motivées sur ce que son fils avait fait une action méritoire en cherchant à replacer le roi légitime sur le trône de ses pères : on va plus loin, les temples religieux font retentir des louanges pour le repos de l'âme de l'assassin et de ses complices.

Il était impossible d'outrager plus essentiellement les lois, qui n'ont jamais permis l'assassinat, qui n'ont jamais permis à un simple particulier de s'établir juge de la *légitimité* ou de la *non légitimité* d'un souverain ; il était impossible d'outrager plus essentiellement la morale ; et où en serions-nous s'il fallait aujourd'hui honorer des individus que nous avons punis hier, et toujours pour les mêmes actions ?

Le système des Bourbons était trop évidemment de faire considérer leur retour comme le triomphe des émigrés sur les Français. La seule prétention du roi sur sa royauté de dix-neuf années, déclarait *rebelles* tous ceux qui, depuis son prétendu avénement au trône, ne s'étaient pas rangés sous ses lois imaginaires. Les distinctions de *bonne* et de *mauvaise cause* étaient une conséquence naturelle de ce système ; les récompenses et les décorations répandues sur tous les chevaliers de la *bonne cause* en étaient la suite.

A Paris, où l'on est trop accoutumé aux événemens extraordinaires, on pouvait, sans inconvéniens, distribuer ces récompenses ; mais le vœu des chouans n'aurait pas été rempli ; un de leurs chefs, nommé de Boiguy, d'horrible mémoire, voulait montrer son triomphe aux habi-

tans de la Bretagne, sur lesquels il avait autrefois exercé ses cruautés et son brigandage ; en
conséquence il fut chargé par le roi d'aller à
Rennes distribuer publiquement des croix de
St.-Louis, et des pensions à ceux de ses anciens
compagnons qu'il en jugerait dignes, et qui
s'étaient rendus les plus célèbres en défendant la
prétendue cause royale.

Les habitans de Rennes frémirent d'indignation, en apprenant que de Boiguy était dans
leurs murs, et qu'il y était pour un pareil objet.
Les affiches par lesquelles ce brigand invitait ses
complices à se réunir , reposées trois fois en
un jour, le premier janvier, furent trois fois
arrachées par les habitans ; le même jour il se
présenta au spectacle, et en fut indiguement
chassé ainsi que ses acolytes. Ces avertissemens
l'auraient fait partir de Rennes si l'intérêt de
Louis l'avait animé ; mais n'agissant que d'après
sa haine personnelle, il insista. Le jour de la
distribution des récompenses arriva, alors le
peuple de Rennes se leva en masse, et l'indignation fut à son comble ; plusieurs de ces
hommes notés d'infamie, qui venaient recevoir
le prix de leurs brigandages, furent maltraités,
et l'infame de Boiguy lui-même fut obligé de
sortir de la ville à la faveur de la nuit.

Le mécontentement des Rennois se repandit

chez leurs voisins, et leur fit détester un gouvernement qui, loin de récompenser, comme il
l'avait promis, les services des appuis de la gloire
nationale, les outrageait en couvrant de lauriers
le front de leurs plus vils ennemis.

CHAPITRE VII.

*Protestation de l'ancien parlement. — La noblesse.
— Le clergé.*

Le droit de rendre la justice se vendait autrefois en France, et l'on héritait d'une charge de
conseiller au parlement, à peu près comme on
hérite aujourd'hui d'une maison ou d'une terre.
En 1789, quand nous sortîmes de la barbarie,
cet état de choses fut renversé ; les parlemens
furent supprimés ; les membres de celui de Paris,
ces fiers tuteurs de nos rois, qui si souvent les
avaient fait trembler jusque sur leurs trônes,
protestèrent contre leur suppression. Deux ans
après, lorsque Louis xvi accepta la constitution,
la protestation fut renouvelée. Je n'ai pas entendu dire qu'ils eussent protesté contre notre
constitution de l'an 8, qui élevait le trône im-

périal ; mais leur protestation me tomberait sous la main sans m'étonner. Lorsque les troupes étrangères se trouvèrent sous les murs de Paris, le 3i mars 1814, tous les membres du parlement se réunirent chez M. Lepelletier de Morfontaine, l'un d'eux (non par *lui-même*, mais par droit d'*hérédité*), pour s'entendre sur le jour où ils tiendraient leur première séance ; enfin les vœux de ces messieurs allaient être comblés quand ils apprirent que les sénateurs demandaient une constitution à *Louis XVIII*, et que celui-ci avait *la faiblesse* de la donner. Ce coup terrible, cet attentat à leur autorité ne les déconcerta pas, ils prirent leurs mesures, et le 4 juin ils firent une protestation contre la charte constitutionnelle ; attendu, disent-ils, qu'elle est attentatoire à leurs droits, et qu'il ne dépend pas du roi de les dépouiller de leurs prérogatives. Par le même acte, ils font de très-humbles remontrances au roi, et lui représentent la nécessité de rétablir la religion catholique dans toute son intolérance ; d'ordonner la restitution des domaines nationaux, et de purger la France de tous les hommes qui ont pris part à la révolution.

La noblesse marchait sur les traces du parlement ; on voulut aussi la faire protester contre la charte ; la protestation fut même dressée, mais elle ne fut point signée (1); M. le ministre Ferrand se chargea de renverser la charte, quant à ce qui concernait la vente des biens des émigrés; et l'on a vu au chapitre V que ce ministre avait tenu son engagement.

Le gouvernement de *Louis XVIII* était à peine organisé qu'il existait une faction contre les ventes des biens nationaux, faction nombreuse, et dans le sein de laquelle se trouvaient un prince du sang et deux ministres, MM. Ferrand et Dambray; elle était appuyée auprès du roi par deux autres ministres, l'un, M. l'abbé de Montesquiou, agissant ouvertement et franchement, l'autre, M. de Blacas d'Aulps, agissant d'une manière oblique, et prêt à mettre ses services à l'enchère, si les propriétaires nationaux avaient agi auprès de lui. Cette faction travaillait jour et nuit; elle avait des écrivains à \gages; elle avait ses journaux de prédilection; elle faisait répandre des articles dans d'autres journaux. Le plus souvent ces articles contenaient des noms supposés, ils étaient jetés uniquement pour *former l'esprit public;* ils couvraient de ridicule et, autant que

----

(1) Le *Morning Chronicle*, du 29 octobre, parle de cette protestation comme *ayant été signée*, il se trompe; les journalistes anglais sont des *gobe-mouches* qui croient tout ce qu'on leur dit.

possible, de mépris les propriétaires de biens nationaux.

Les émigrés avaient à Paris plusieurs conciliabules; le plus nombreux se tenait rue du faubourg du Roule, chez M. de N...... Je connaissais un jeune homme qui était attaché en qualité de secrétaire à l'un de ces nouveaux grands: ce jeune homme m'avait toujours paru avoir des opinions saines et libérales ; depuis qu'il fréquentait les grands je ne le reconnaissais plus. J'aperçus bien vite la cause de ce changement. Il laissa échapper quelques mots sur les sociétés secrètes, et me dit qu'il y avait *tenu la plume*. Le désir de m'instruire me porta à l'engager à venir le lendemain déjeûner avec moi. Il s'y rendit ; là, je fis facilement, et en abondant un peu dans son sens, tomber notre conversation sur le point où j'en voulais venir, et après lui avoir parlé long-temps de la charte, et des *injures* qui venaient de lui être faites, il me tint à peu près ce discours :

« Comme je sais que vous ne parlerez pas, je
» puis vous dire ce qui se passe; d'ailleurs, je
» sais que vous êtes un bon royaliste, et je l'ai
» même dit à M. le comte d'E....., qui pour cela
» vous estime beaucoup. Qu'est-ce que c'est que
» cette charte? Est-ce que le roi avait le droit de
» la donner? Croyez-vous que M. le comte d'E.....,

» qui est seigneur dans le Limousin, veuille re-
» noncer à ses droits; qu'il veuille perdre trente
» mille livres de rentes, et cela pour plaire au
» roi et aux révolutionnaires, qui depuis vingt-
» cinq ans ont dépensé les revenus de leurs maî-
» tres? Croyez-vous qu'il veuille renoncer à ses
» terres? Soyons justes, il faut que chacun re-
» prenne sa place; tout ce qui a été fait depuis
» vingt-cinq ans est nul; ceux qui ont acheté les
« biens des émigrés seront traités comme ils le
» méritent. Devaient-ils les acheter? Ce sont des
» traîtres. S'ils ne les rendaient pas de bonne vo-
» lonté il y aurait une révolution. »

Revenir sur les biens nationaux! lui dis-je,
ce serait une injustice atroce; le roi se ferait
chasser, et tous vos émigrés seraient égorgés! Jamais les propriétaires actuels ne seront troublés
dans leur possession.

Je lui disais ce que je ne pensais pas; je voyais
trop clairement la marche que prenaient les choses, et depuis la séance de la chambre des députés où M. Ferrand s'était fait entendre; depuis
celle où M. Laîné avait fait supprimer l'addition
proposée par M. Bedoch, je ne doutais pas que la
cour n'eût le projet de revenir sur les ventes des
biens des émigrés.

Les gentillâtres provinciaux avaient déjà repris
leur ancienne arrogance; plusieurs d'entre eux
s'étaient fait nommer maires de leurs communes,

et ils prodiguaient à ceux qu'ils appelaient leurs vassaux des vexations de toute espèce. On peut se faire une idée de léur petite insolence par l'aventure du pain bénit, que tout le monde a sue.

Le clergé n'a jamais laissé échapper une occasion de montrer sa bassesse ; aussi, suivant son usage constant, il a flatté celui qui régnait..... Si au lieu de *Louis XVIII* le roi de Maroc se fût assis un moment sur le trône de France, je suis bien sûr que le clergé aurait fait chanter son bannal *Te Deum* en l'honneur de sa hautesse ; mais le roi de Maroc aurait su probablement ce que c'était que le clergé, et sa hautesse aurait apprécié le *Te Deum* à sa juste valeur.

Nos neveux seront étonnés quand ils liront nos annales de l'année 1814. Que diront-ils quand ils verront que la ville de Nîmes *a fait le vœu de donner à Dieu une statue en argent, du poids d'un enfant naissant, s'il accordait un fils à madame la duchesse d'Angoulême ?*

Le clergé ne s'est pas contenté de faire des vœux dignes de la barbarie du treizième siècle, MM. les marguilliers de Paris ont voulu aussi donner leur coup d'épaule pour accélérer la contre-révolution. Dans une adresse qu'ils ont présentée au roi le 16 août, ils ont dit : « qu'ils espéraient que » S. M., réparant bientôt vingt-cinq années d'er- » reurs et de calamités, nous rendrait les beaux » jours de cette vieille France où se mêlaient et

» se confondaient dans tous les cœurs ces deux
» noms sacrés : *Dieu* et *le roi.* »

On devine bien le sens que ces pieux marguilliers attachaient à ces deux noms sacrés. Par Dieu,
ils entendaient la destruction de la liberté des
cultes, la restitution des biens du clergé, le rétablissement de la sainte dîme, des bénéfices, des
ordres monastiques, etc.; par le roi, le rétablissement de la féodalité, des parlemens, des lettres
de cachet..... Tout cela existait en effet dans ces
beaux jours de la vieille France, où l'on ne re-
connaissait que *Dieu* et *le roi.*

Dans l'ancienne Rome les bonnes femmes allaient consulter les poulets sacrés, et les augures
vivaient de leur métier. A Paris on se fait prêtre
comme on se ferait huissier ou procureur. Un
huissier fait un exploit pour de l'argent; un curé
dit une messe pour de l'argent, et l'on sait, par
l'expérience de plusieurs siècles, que le zèle appa-
rent des prêtres pour les choses célestes est bien
moins fondé sur les dogmes de l'Évangile, que sur
la considération et les richesses dont leur état
leur donnait autrefois la jouissance.

Le clergé, avant la révolution, formait un des
trois ordres de l'Etat, et balançait ainsi le pouvoir
du peuple et celui du trône. Mais comment les
pasteurs de l'Église, que les Francs, devenus maîtres des Gaules, n'avaient admis parmi eux que

pour l'enseignement de la foi, avaient-ils acquis ce pouvoir? Par le trafic le plus honteux des clefs du paradis; par un négoce infâme de pardons, d'indulgences, d'absolutions, de dispenses; par des donations ou fausses, ou inspirées par la crainte, et dont les motifs étaient la délivrance des âmes du purgatoire, l'impunité des crimes, le rachat de l'enfer, la proximité de la fin du monde; comme s'il avait été au pouvoir des prêtres fanatiques d'enchaîner à leur gré les bras de l'Éternel, de le rendre l'exécuteur de leurs vengeances, de dicter les décrets de sa justice et de vendre ses grâces et sa clémence!

Les prêtres, dans ces derniers temps, ont fait tout ce qu'ils ont pu pour reconquérir leurs antiques prérogatives ; fidèles à la doctrine que les émigrés et les Bourbons avaient adoptée , ils regardaient comme non avenu tout ce qui avait été fait depuis la révolution; déjà ils oubliaient le concordat fait avec le pape, et les comédiens se trouvaient excommuniés, et privés de la sépulture en terre sainte (1);

_____

(1) M. Marduel, curé de Saint-Roch, a mis cette doctrine en pratique le 17 janvier, à l'occasion de mademoiselle Raucourt. M. Marduel, qui s'était montré aussi redoutable il y a huit ans envers la danseuse Chameroy, aime-t-il les scènes scandaleuses, ou a-t-il agi ainsi *par jalousie*, et parce que *ces dames* attiraient plus de monde que lui? Je ne sais; mais il a été ingrat envers mademoi-

déjà les curés, dans les campagnes, prêchaient
sur la dîme, et l'un d'eux faisait retentir la chaire
de ces paroles menaçantes : « Dieu vous ordonne de
» rendre les biens nationaux : aux nobles, parce
» qu'ils leur appartiennent, et qu'entre vos mains ce
» sont des biens volés; à l'Église, parce que l'Église
» en est propriétaire. Vous rendrez également les
» biens des moines ; mais comme il n'y a plus de
» moines, *vous en remettrez le prix aux curés.*
» Toutes les grandes villes vous donnent l'exem-
» ple de ces restitutions; et ceux qui ne les feront
» pas auront le sort de Jézabel, et seront mangés
» par les chiens (1).

Le haut clergé ayant à sa tête M. de Talleyrand,
archevêque de Reims, grand aumônier, travaillait

----

selle Raucourt; elle lui faisait l'honneur de l'inviter quelquefois à dîner chez elle. Oh ! M. de Saint-Roch vous avez
un cœur de roche !

(1) Ce sermon a été prêché à Savenay, département
de la Loire - Inférieure, le 5 mars. Au reste, ce
n'est pas de nos jours seulement que le clergé a
appelé le ciel à son secours. Lorsque la dîme fut établie,
Dieu écrivit une lettre aux fidèles, par laquelle il mena-
çait ceux qui ne la paieraient pas de frapper leurs biens
de stérilité, de les accabler d'infirmités, et d'envoyer
dans leurs maisons des serpens ailés qui dévoreraient le
sein de leurs femmes. (*Histoire moderne de Condillac*,
liv. 2, *ch.* 1.)

aussi à son rétablissement sur le pied antérieur à 1789. Cet archevêque correspondait avec l'évêque d'Orthozia, son envoyé à Rome, et ils se concertaient sur les moyens d'obtenir une bulle qui rendît au clergé de France son ancien lustre. Aurait-il réussi? C'est ce que nous ne pouvons pas savoir. Nous savons seulement que M. le grand aumônier était en grande faveur.

CHAPITRE VIII ET DERNIER.

Débarquement de l'empereur Napoléon.

LES nombreuses violations que la charte constitutionnelle avait subies, faisaient craindre avec raison aux propriétaires de biens nationaux, que l'article qui assurait l'inviolabilité de leur possession ne fût pas respecté.

L'oubli des promesses des princes relativement aux droits réunis; les vexations que les nobles en place faisaient essuyer à leurs administrés; l'idée du rétablissement des abus attachés au sacerdoce et du retour à l'esclavage féodal, mécontentaient la presque totalité de la population des provinces.

Les outrages faits à l'armée la faisaient soupirer après un nouvel ordre de choses.

Enfin l'on peut dire que la nation entière, qui se compose principalement des provinces, marchait vers une nouvelle révolution aussi terrible, relativement aux Bourbons et à la noblesse, que celle de 1789, et demandait une constitution qui assurât les droits du peuple.

Tout à coup l'empereur Napoléon part de l'île d'Elbe, et débarque, le premier mars, sur les côtes de la Provence, accompagné seulement d'une poignée de serviteurs fidèles qui l'avaient suivi dans son exil.

Déjà il est entré à Grenoble, non pas en vainqueur mais en ami, lorsque les Bourbons apprennent son débarquement.

Partout où il passe le peuple le porte en triomphe, et le regarde, une seconde fois, comme son libérateur; les troupes qu'on veut lui opposer reconnaissent sa voix et se joignent à lui.

Les Bourbons voient leur trône chanceler; ils reconnaissent leurs torts; ils veulent rappeler l'armée auprès d'eux; ils parlent de révoquer l'ordonnance de la demi-solde. L'abbé de Montesquiou fait publiquement l'éloge de la garde impériale; il n'était plus temps : l'armée en masse attendait avec impatience le moment de se ranger sous les drapeaux de son chef.

Alors, et pour la première fois, le roi et les

princes parlent de la charte constitutionnelle ; cette charte est leur plus beau titre de gloire , ils jurent de la maintenir. Il était trop tard : le temps des illusions était passé.

La famille des Bourbons part de Paris le 20 mars , à quatre heures du matin, et l'empereur Napoléon y fait son entrée le même jour , à huit heures du soir.

CONCLUSION.

La cause des Bourbons est perdue sans ressource ; il est impossible de ne pas reconnaître que le vœu de la nation s'est manifesté en faveur de Napoléon. Si *Louis* s'était élevé à la hauteur du siècle, il serait encore sur le trône ; mais ses mœurs anciennes ont voulu lutter contre nos mœurs actuelles, et la lutte ne pouvait pas lui être favorable. Si les promesses des princes et du roi lui-même eussent été sincères , ils les auraient respectées, et ils régneraient encore ; mais il est impossible de fermer les yeux à l'évidence , et de ne pas voir que toutes ces promesses et la charte elle-même n'étaient que des moyens plus prompts de saisir le sceptre, et d'arriver à la contre-révolution. Les Bourbons n'ont point voulu entrer en France comme ayant été appelés par la nation, ils ont voulu y entrer en vainqueurs. Le seul système de la royauté consacrée par vingt ans de règne déclarait évidemment nul et non avenu tout ce que nos assemblées avaient délibéré depuis vingt ans. Le système de *Louis* allait même plus loin , il annulait tout ce qui avait été fait depuis le 5 mai 1789, jour de la réunion des États généraux. Pour s'en convaincre , on n'a qu'à lire sa protestation , du 6 juin 1804, que j'ai rapportée page 13 ; *Louis XVIII* n'a jamais dévié de la route qu'il s'était tracée : étant sorti de France le 21 juin 1791 , il a protesté contre la constitution acceptée par Louis XVI , et s'est trouvé en opposition apparente avec ce dernier jusqu'à sa déchéance. Or, *Louis XVIII* et les émigrés ayant travaillé au-dehors dans un sens absolument opposé à celui de Louis XVI , c'était une conséquence naturelle de son principe, que de prononcer que Louis XVI , pendant les quatre dernières années de son règne, n'était pas libre , et que tous les actes faits par lui étaient illégaux , et la suite de cette prononciation était la nullité des ventes de biens nationaux et le rétablissement des droits de la noblesse et du clergé.

Ainsi nous devons reconnaître la main de Dieu dans le renversement des Bourbons; étrangers à nos mœurs , aux progrès des lumières , étrangers à la nation qui s'est renouvelée depuis l'époque de nos dissentions civiles , ils appelaient sur la France et sur eux mêmes des maux sans nombre. Ils sont tombés par la seule force des choses.

Dans ces grandes circonstances, nous serions des enfans ingrats, si nous ne faisions pas disparaître nos intérêts particuliers devant le grand intérêt de la patrie; nous avons déjà supporté assez de commotions; des divisions intestines feraient la joie de nos ennemis et anéantiraient la France. Le sang de ses enfans, versé à grands flots dans toutes les contrées de l'Europe, nous commande de nous réunir pour le bien général; il faut à la nation française un gouvernement organisé avec la stabilité salutaire de la distinction des pouvoirs, sans laquelle il n'y a ni liberté publique et individuelle, ni égalité devant les lois, ni sûreté d'industrie et de propriétés. Il faut enfin reconnaître que la nation a besoin d'un chef qui la fasse respecter : Napoléon est ce chef; éprouvé par l'adversité, il renonce à sa grandeur passée, et veut s'occuper exclusivement du bonheur de la France; déjà il a donné des preuves de sa modération, la pensée n'est plus soumise à la censure inquisitoriale, et l'exercice vexatoire *des droits réunis* est supprimé. Toutes ses actions sont dictées par la Sagesse; elle veille à ses côtés. Napoléon sait que le sort de la patrie est entre ses mains : la postérité le jugera.

FIN.

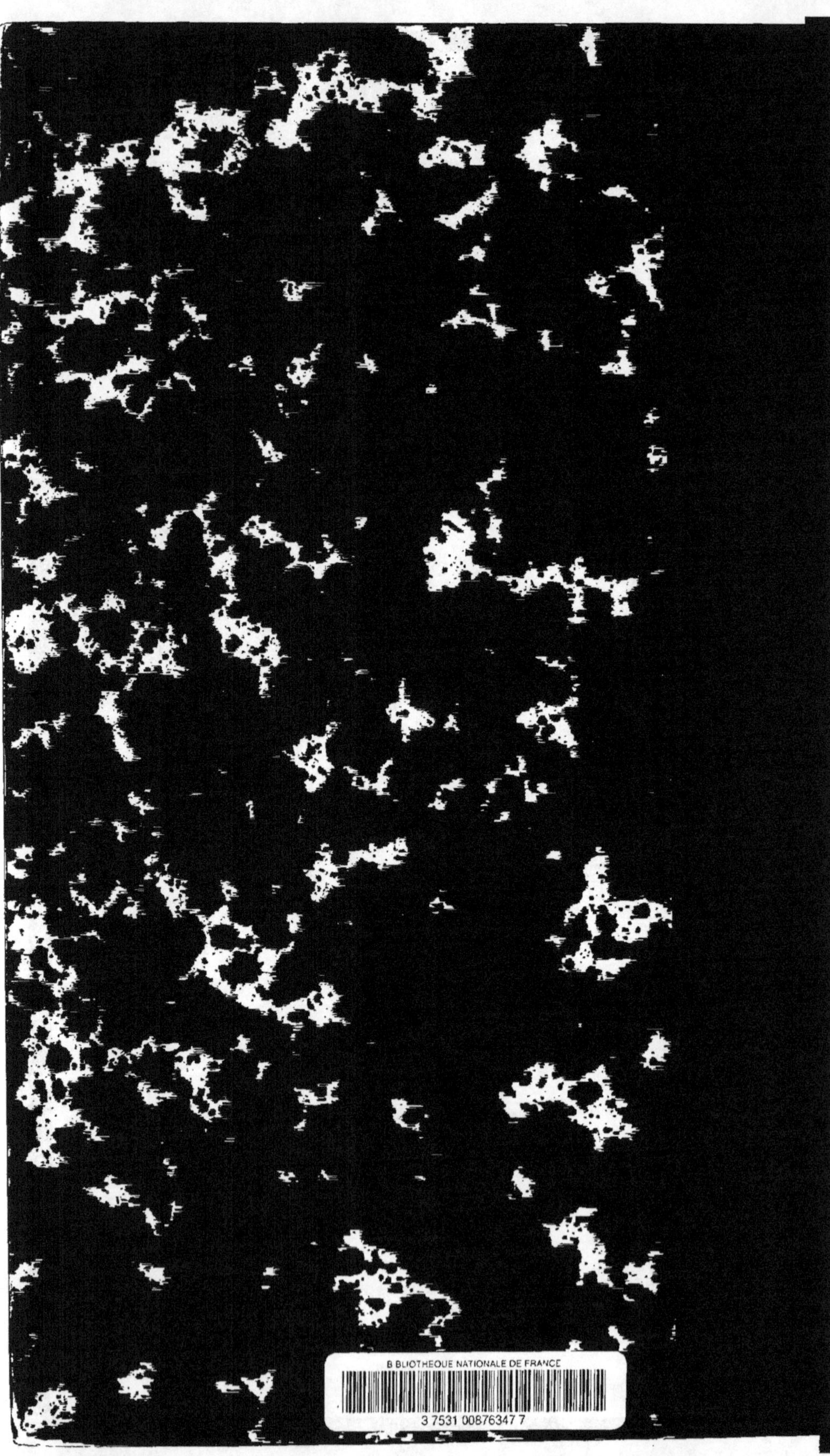